Male für jede Seite, die du bearbeitet hast, einen Stern aus!
Viel Freude!

# Inhalt

# M m

M M M M M

m m m m

M M M M M

m m m m m

M

*Aa*

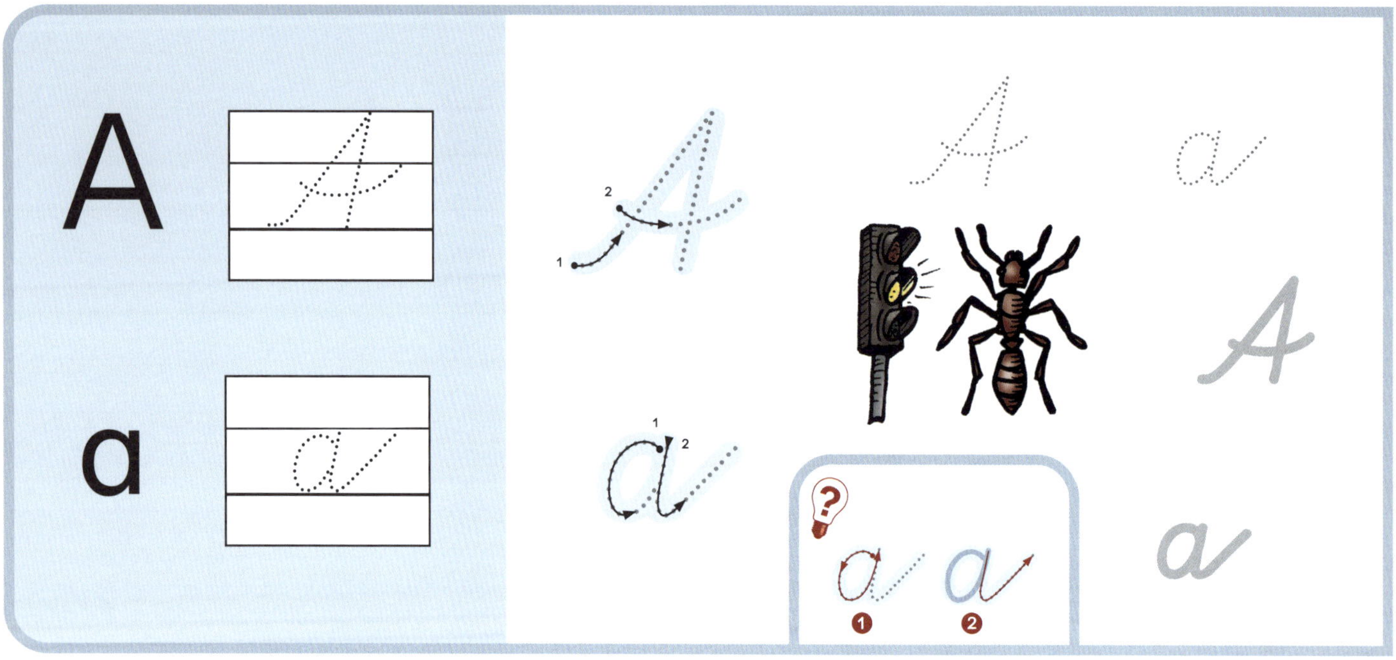

A

a

*A A A A* . . . . . . . .

*a a a a* . . . . . . .

*A A A A* *A*

*a a a* *a*

*a a*

*Aa* *Aa*

*am* *am*

*Mama* *Mama*

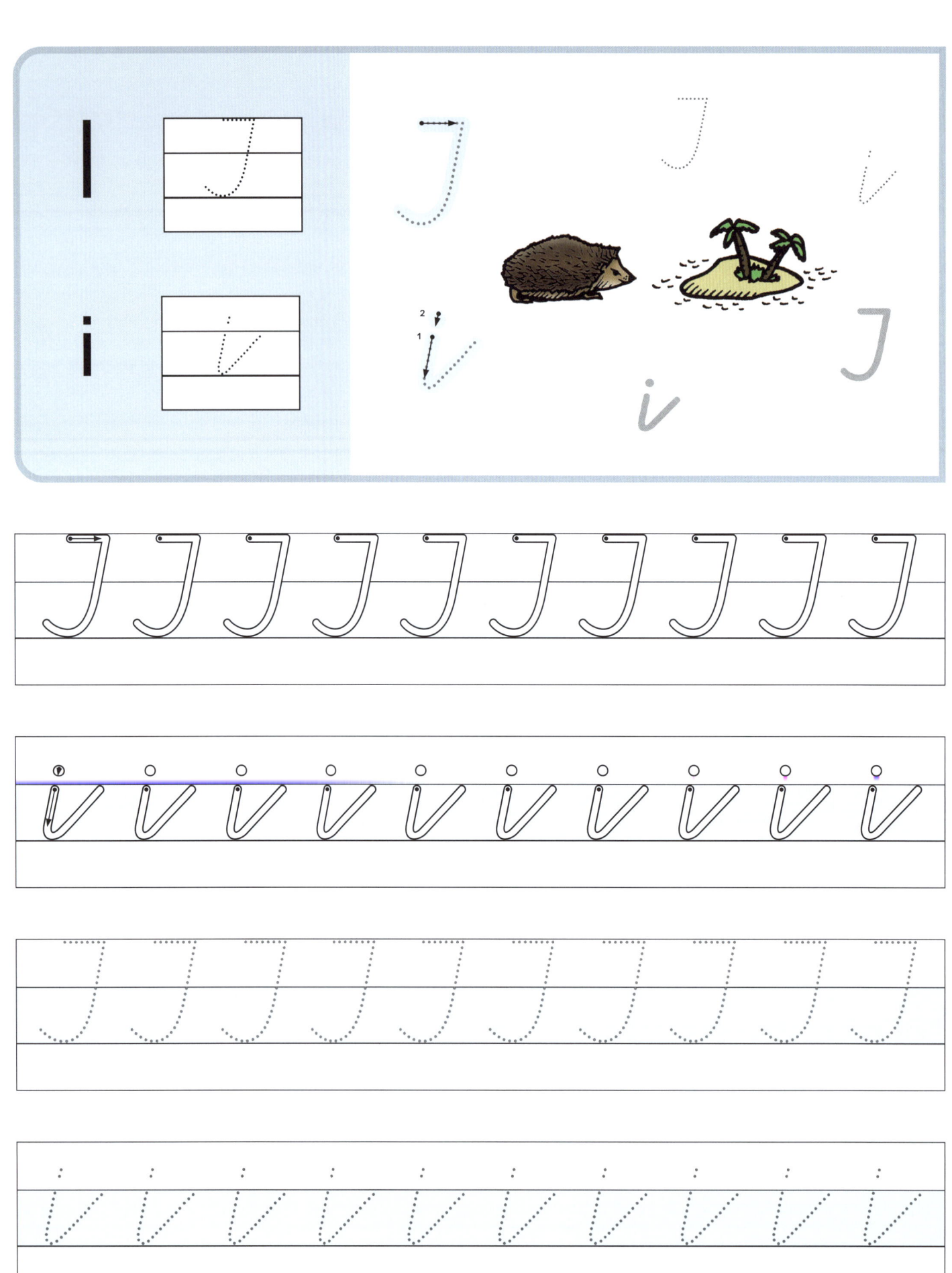

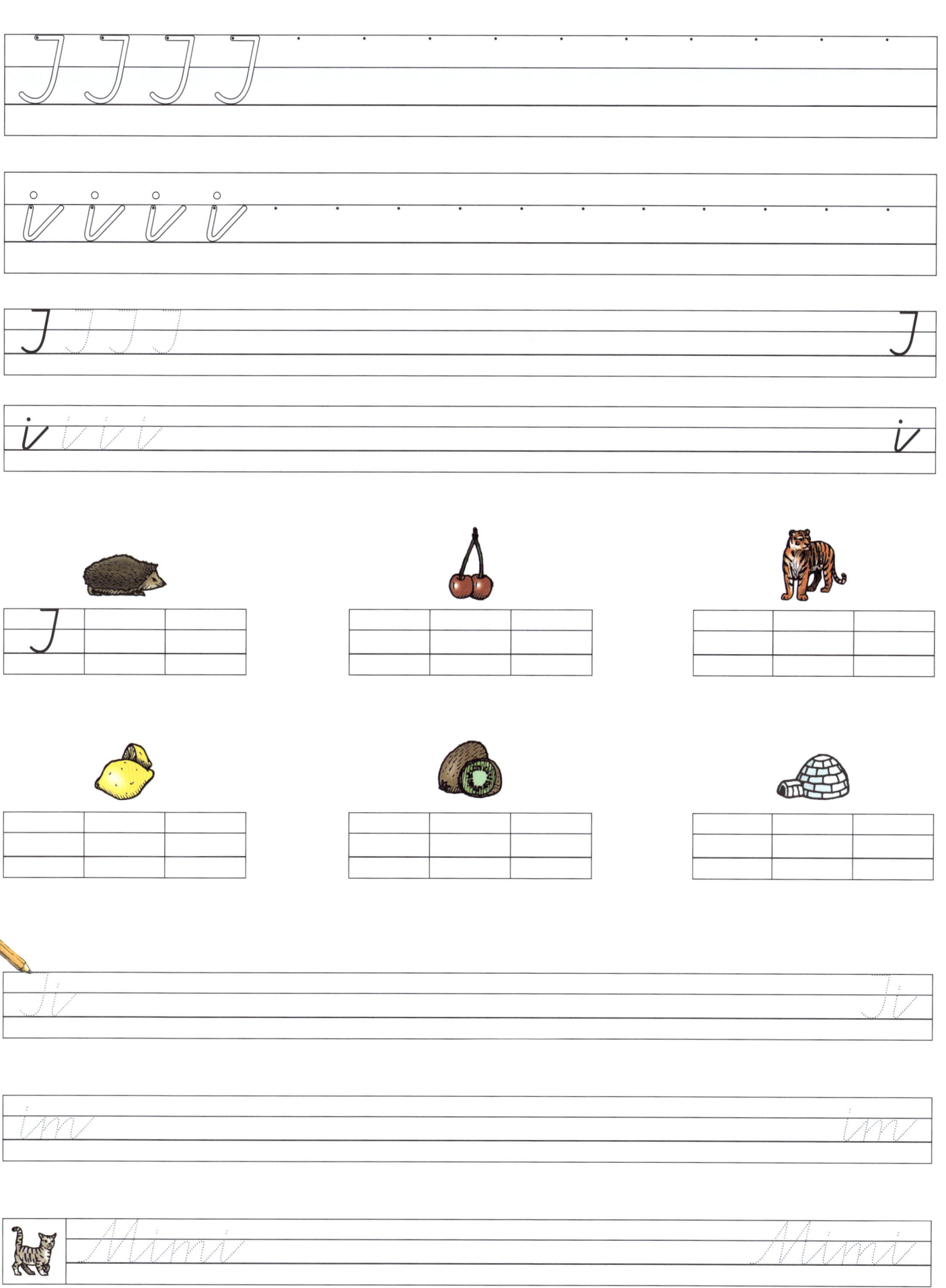

# O o

O o

O

o

 *O o*

O O O O  ·  ·  ·  ·  ·  ·  ·  ·

o o o o  ·  ·  ·  ·  ·  ·  ·  ·

O O O O                                    O

o o o o                                    o

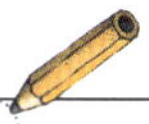

| O | | |
|---|---|---|
| | | |

| | | |
|---|---|---|
| | | |

| | | |
|---|---|---|
| | | |

| | | |
|---|---|---|
| | | |

| | | |
|---|---|---|
| | | |

| | | |
|---|---|---|
| | | |

*Oo*                                    *Oo*

*Omi*                                    *Omi*

*Mama*                                    *Mama*

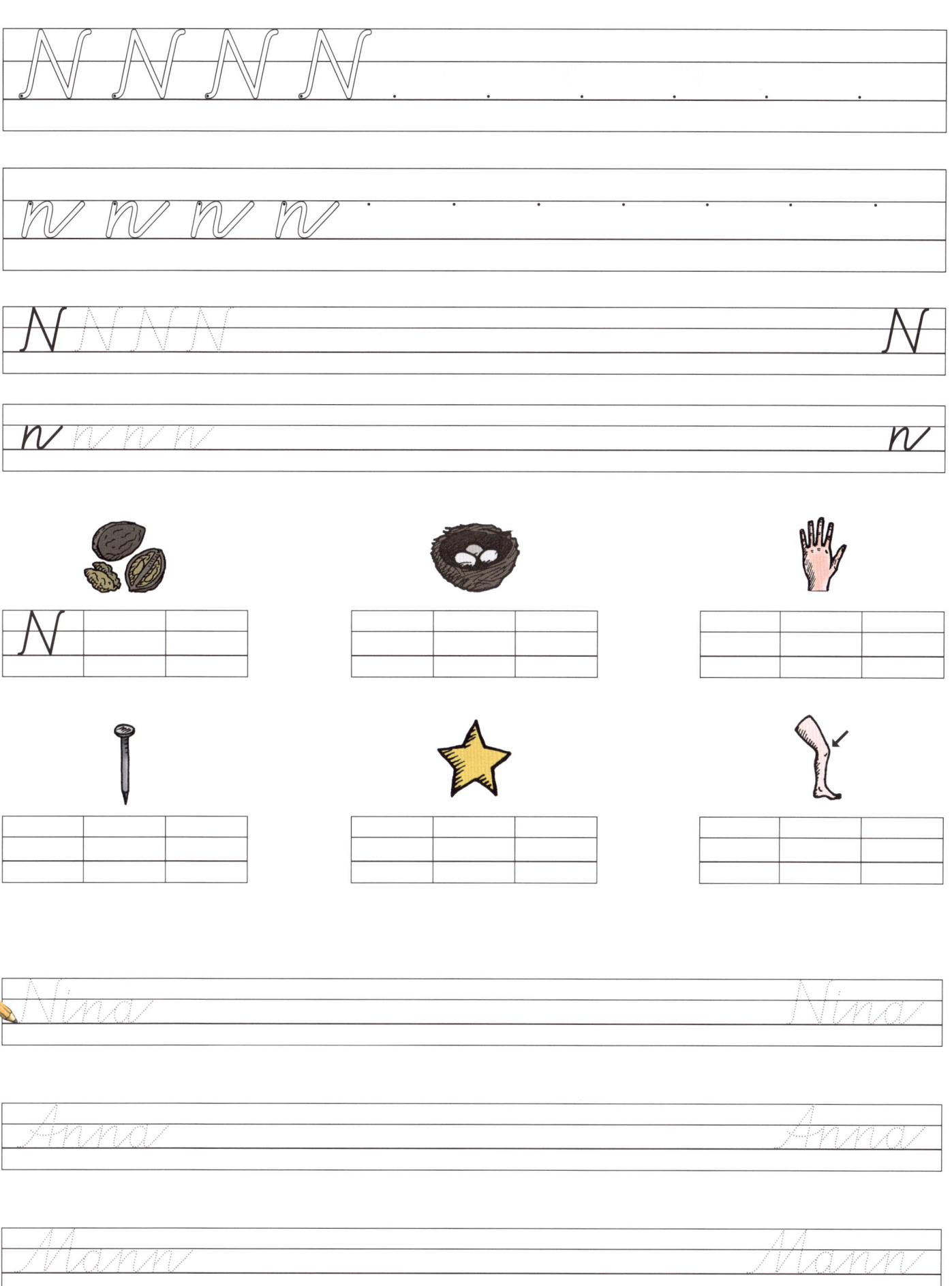

*Nina*         *Nina*

*Anna*         *Anna*

*Mann*         *Mann*

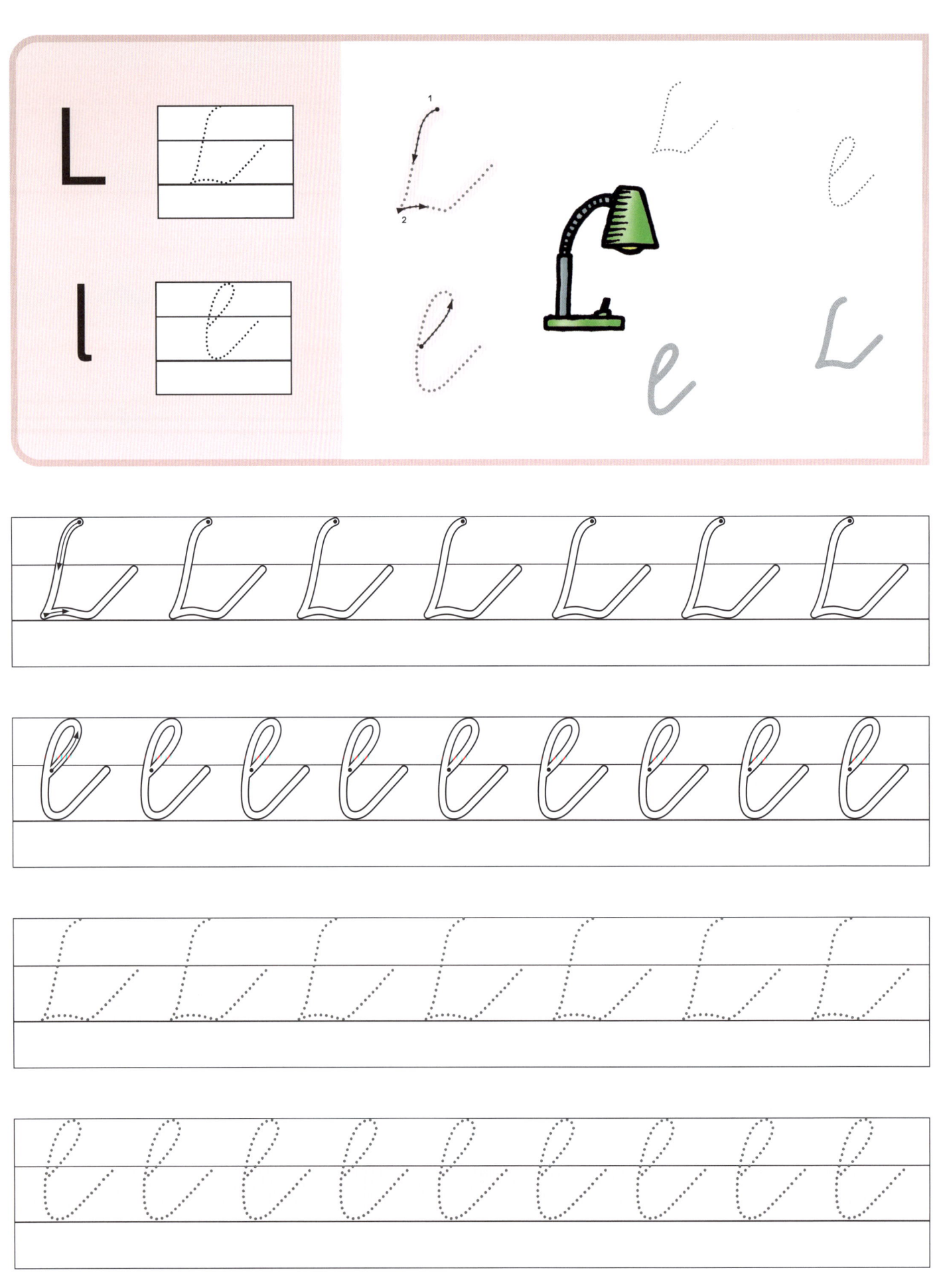

L L L L

l l l l

L L L L L

l l l l l

| L | | |
|---|---|---|
| | | |
| | | |

| | | |
|---|---|---|
| | | |
| | | |

| | | |
|---|---|---|
| | | |
| | | |

| | | |
|---|---|---|
| | | |
| | | |

| | | |
|---|---|---|
| | | |
| | | |

| | | |
|---|---|---|
| | | |
| | | |

Limo

Lama

Lolli

E

e

*Ein Ein*

*eine eine*

*E EE*                     *E*

*e e e*                   *e*

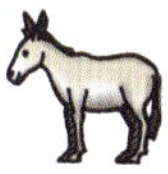

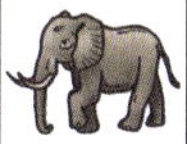

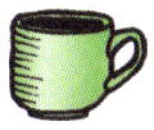

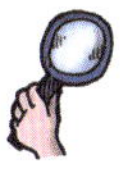

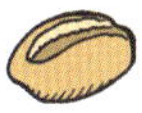

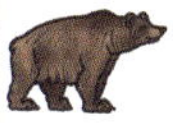

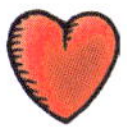

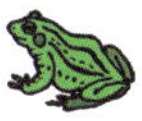

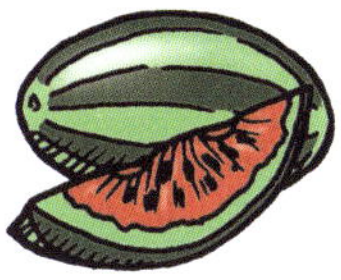

## ein/eine

| *ein* | | | |
|---|---|---|---|

*Melone*

*meine*

*eine*

# D d

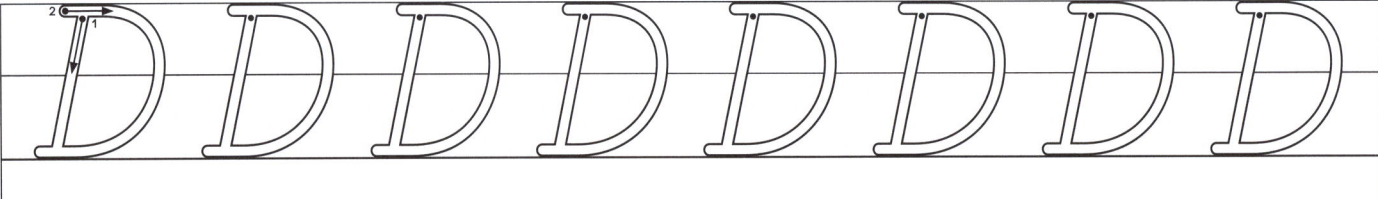

Dino Dino

die die

D D D D    D

d d d d    d

## ein/eine

eine

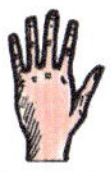

Dino    Dino

Dame    Dame

Domino    Domino

Mond    Mond

Land    Land

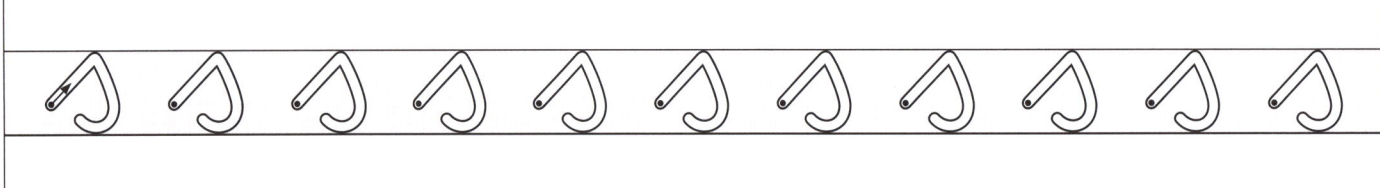

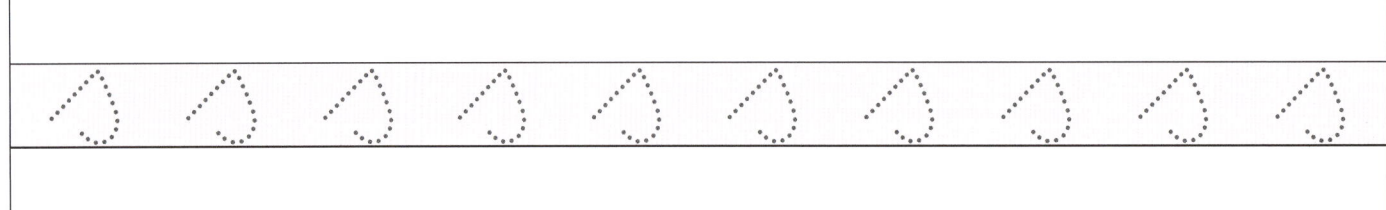

So So

so so

S S S S S

s s s s s

## ein/eine

eine

Esel Esel

Sonne Sonne

Dose Dose

Lasse Lasse

Nase Nase

# R r

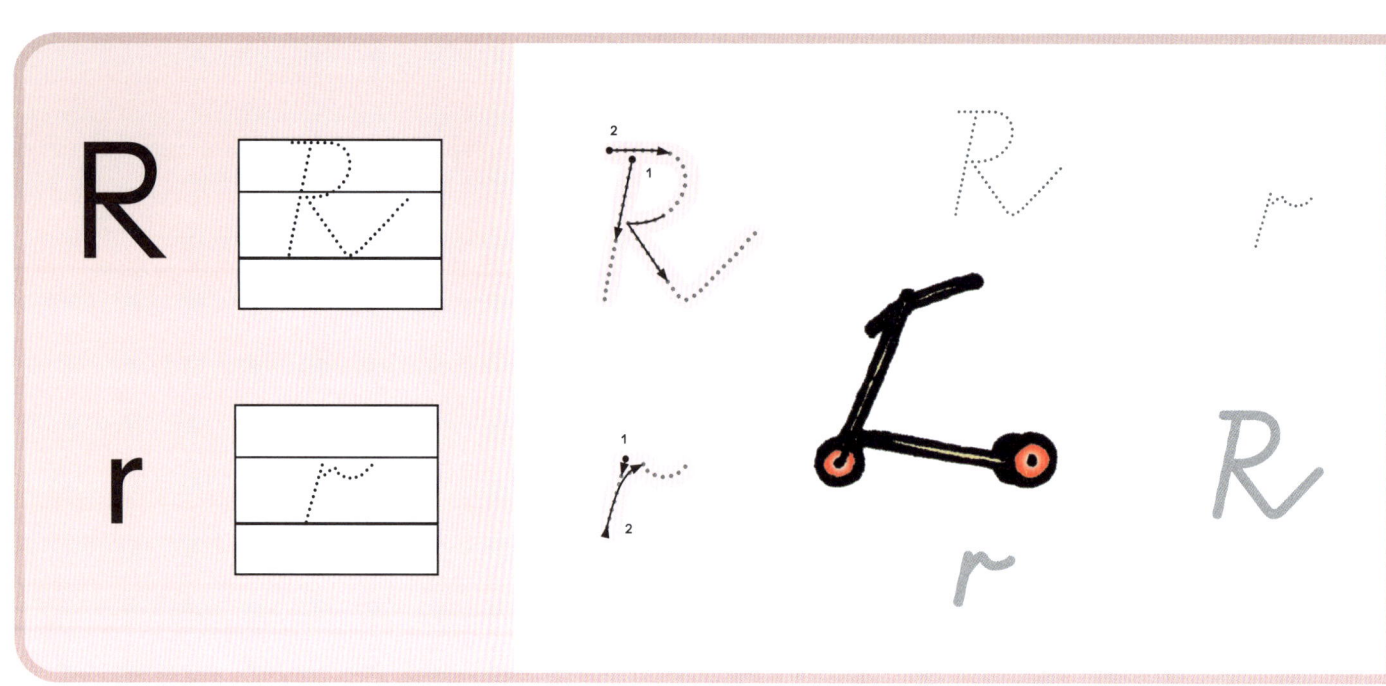

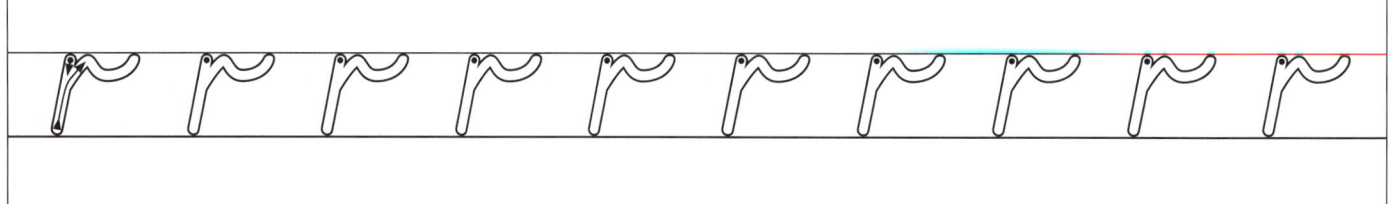

*Rad Rad*

r r r r

R R R R                                    R

r r r                                      r

## der/die/das

*der*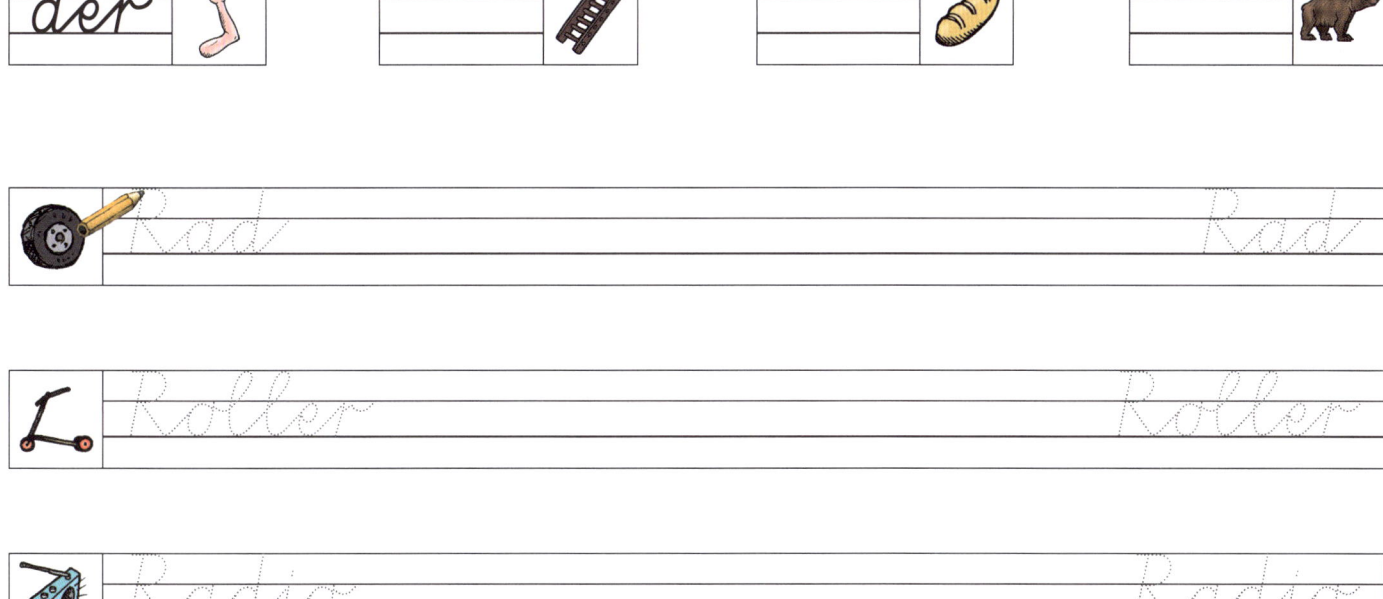

*Rad*                                      *Rad*

*Roller*                                    *Roller*

*Radio*                                     *Radio*

*Rose*                                      *Rose*

*Rinde*                                     *Rinde*

# T

T
t

24

Tee Tee

toll toll

T T T     T

1 1 1 1     1

**ein/eine**

| eine | Ente | | | Tee | | | Tomate |
|------|------|---|---|-----|---|---|--------|

**der/die/das**

| die | Torte | | | Note | | | Tor |
|-----|-------|---|---|------|---|---|-----|

Tor      Tor

Note      Note

Torte      Torte

Tinte      Tinte

# Ich übe ✏️

| | Mantel | *Mantel* | *Mantel* |
| --- | --- | --- | --- |
| | Dino | *Dino* | |
| | Ente | *Ente* | |
| | Salat | *Salat* | |
| | Ast | *Ast* | |
| | Mama | *Mama* | |
| | Oma | *Oma* | |
| | Sand | *Sand* | |
| | Lama | *Lama* | |
| | Nase | *Nase* | |
| | Tanne | *Tanne* | |
| | Nest | *Nest* | |

___eine___ ⬛

___ ⬛

___ ⬛

___ ⬛

___ ⬛

**ein**
oder
**eine**

___eine___ ⬛

___ ⬛

___ ⬛

___ ⬛

___ ⬛

___der___ ⬛

___ ⬛

___ ⬛

___ ⬛

___ ⬛

**der**,
**die** oder
**das**

___das___ ⬛

___ ⬛

___ ⬛

___ ⬛

___ ⬛

# P p

P p

p

P

p

P

Papa Papa

Opa Opa

P P P P        P

p p p p        p

Paddel        Paddel

Papa        Papa

Opa        Opa

Perle        Perle

Lappen        Lappen

Pinsel        Pinsel

# U u

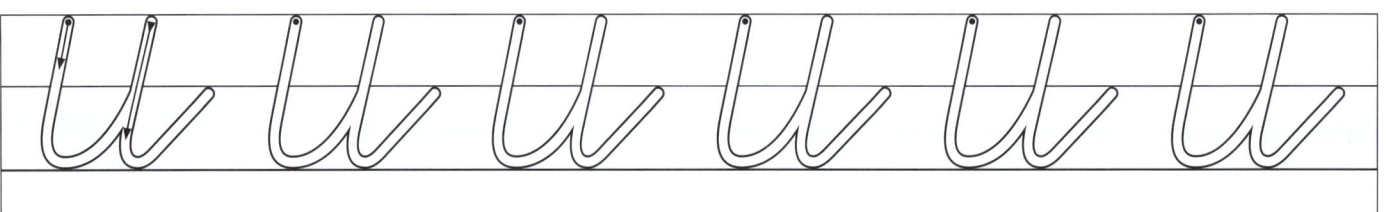

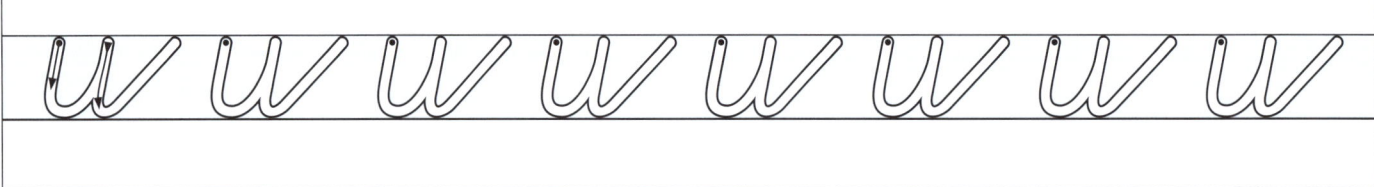

# U u

*Uli Uli*

*und und*

*U U U U*     *U*

*u u u u*     *u*

**ein/eine**

| *eine* | *Lupe* | | *Nudel* | | *Nuss* |

## Uli und Luise sind am See.

*Uli und Luise sind am See.*

*Uli*

## Ute und Susi essen Nudeln.

*Ute und Susi essen Nudeln.*

*Ute*

# F f

F

f

Fee Fee

Affe Affe

F F F F

f f f f

**der/die/das**

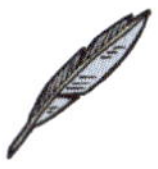

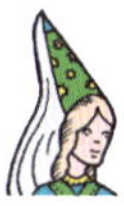

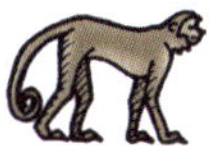

die Feder

Fee

Affe

Mama findet eine Feder.

Mama findet eine Feder

Mama

Ein Affe ist auf dem Foto.

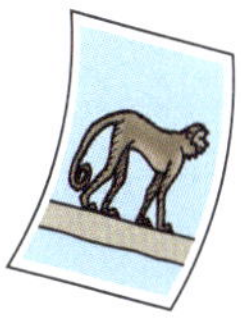

Ein Affe ist auf dem Foto

Ein

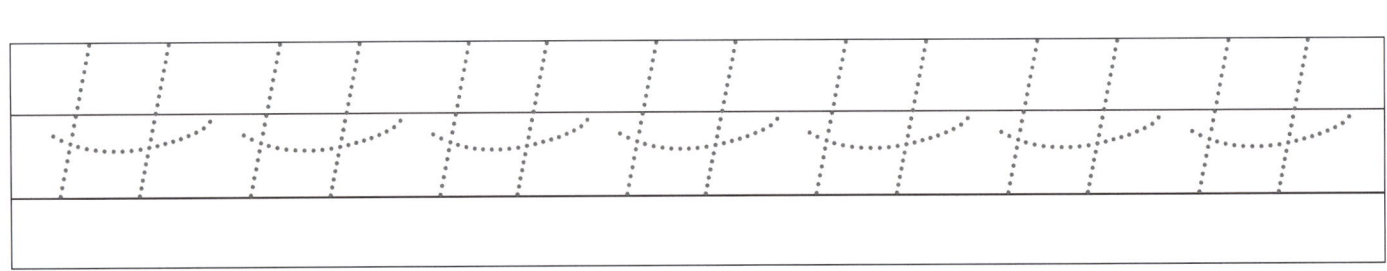

Hai Hai

hat hat

H H

h h

**ein/eine**

 ein Hund

Haus

Hahn

# Hahn und Henne sind auf dem Hof.

Hahn und Henne sind auf dem Hof.

Hahn

# Hase und Hund sind im Haus.

Hase und Hund sind im Haus.

Hase

# Ww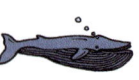

W

W

*Wal Wal*

*wo wo*

*W W W W*      *W*

*w w w w*      *w*

**der/die/das**

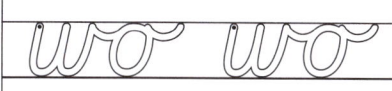 *die* | *Wanne*

 | *Wolf*

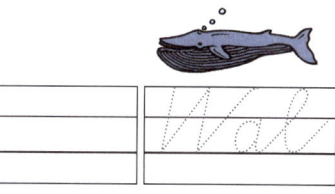 | *Wal*

# Wo will der Wal hin?

*Wo will der Wal hin?*

*Wo*

# Willi will es wissen.

*Willi will es wissen.*

*Willi*

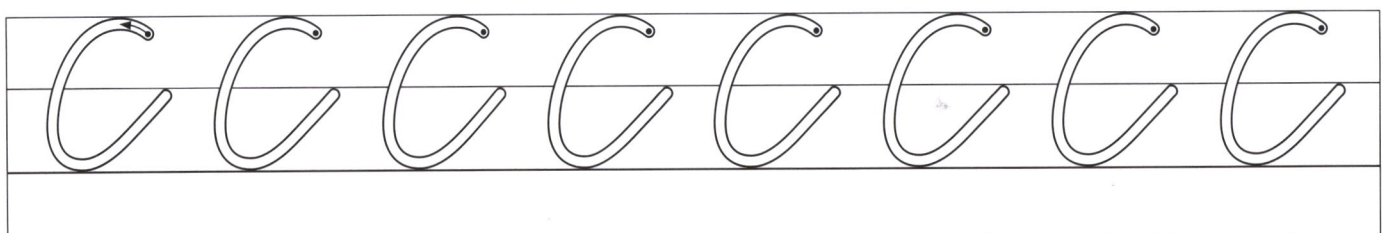

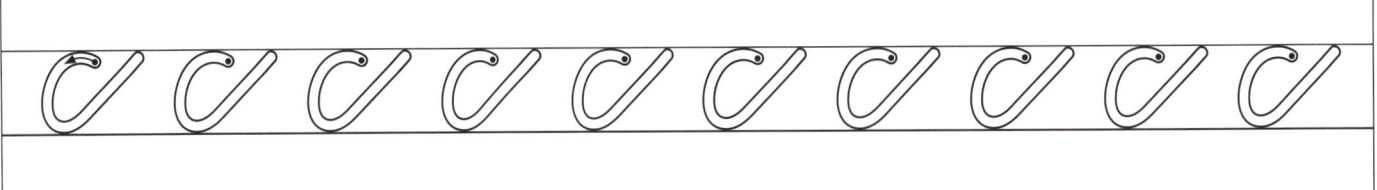

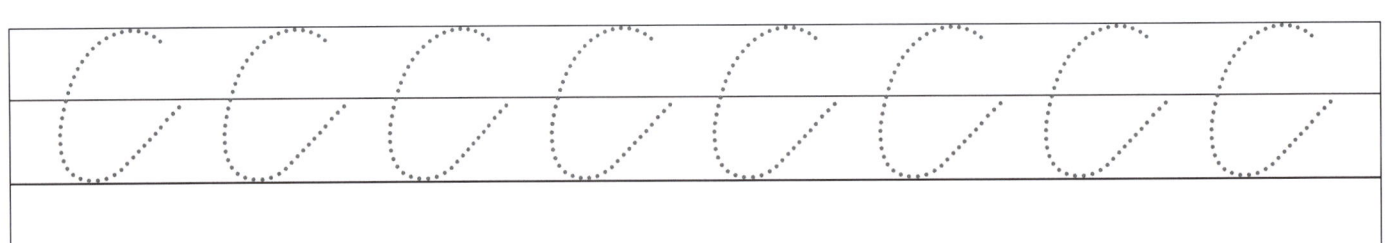

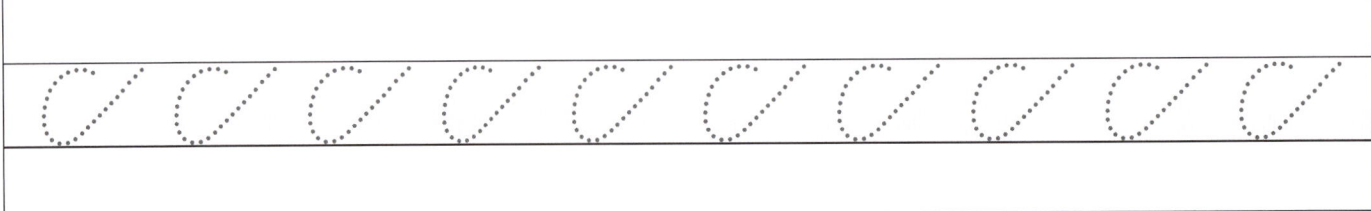

Cent Cent

cool cool

C

c

**ein/eine**

eine Cola          Computer          Cent

# Wir lesen einen Comic.

Wir lesen einen Comic

Wir

# Wir cremen uns die Haut ein.

Wir cremen uns die Haut ein

Wir

# Ch ch

China

**Ch**

**ch**

China

*Ch Ch Ch Ch Ch Ch*

*ch ch ch ch ch ch*

*Ch Ch Ch Ch Ch*

*ch ch ch ch ch*

Chor   Chor

ich   ich

Ch   Ch Ch Ch                                    Ch

ch   ch ch ch                                    ch

**der/die/das**

die   Milch          China              Chor

# Ich suche meine Sachen.

Ich suche meine Sachen.

Ich

# Ich rieche an der Creme.

Ich rieche an der Creme.

Ich

# B b

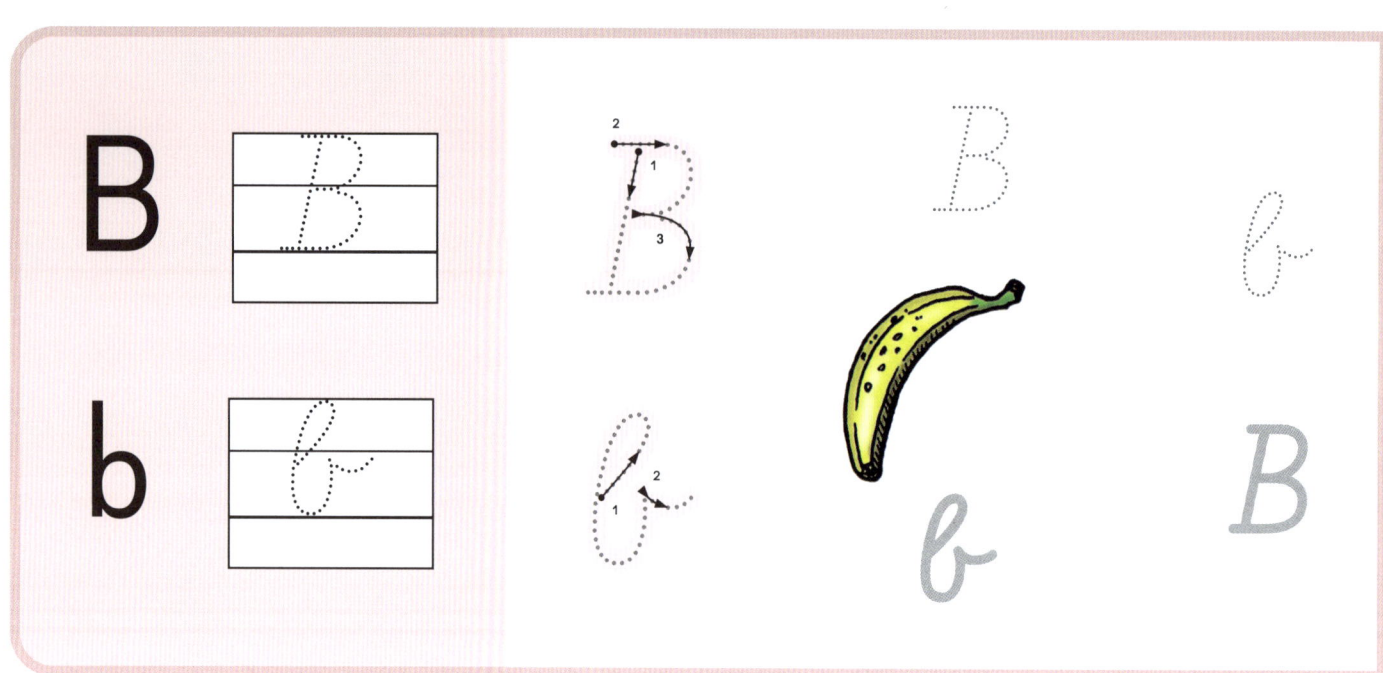

# Bb

Bus Bus

bunt bunt

B B B B   B

b b b b   b

**ein/eine**

| ein | Brot |
|---|---|

| | Blume |
|---|---|

| | Bus |
|---|---|

## Bello ist im warmen Bett.

Bello ist im warmen Bett.

Bello

## Der Ball rollt unter den Bus.

Der Ball rollt unter den Bus.

Der

# Sch sch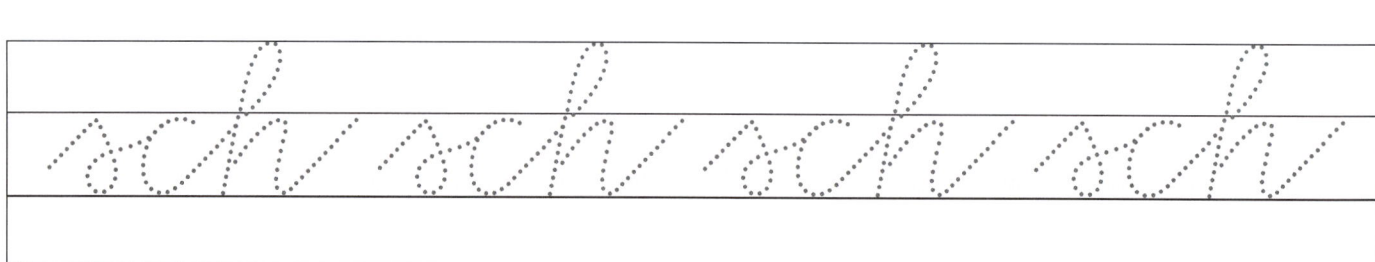

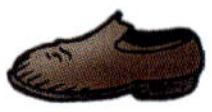

Sch

sch

Sch Sch Sch Sch

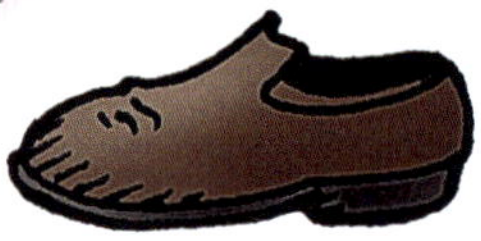

sch sch sch sch

Sch Sch Sch Sch

sch sch sch sch

Sch Sch

sch sch

Sch Sch Sch Sch Sch

sch sch sch sch sch

**der/die/das**

der Schuh

Schere

Schaf

## Ich schneide mit einer Schere.

Ich schneide mit einer Schere.

Ich

## In der Schule schreiben wir schön.

In der Schule schreiben wir schön.

In

# K k

*Kuh Kuh*

*Kekse Kekse*

K K K K     K

k k k k     k

**ein/eine**

ein | Keks

Kuh

Kran

## Kati kann Kaffee kochen.

*Kati kann Kaffee kochen.*

*Kati*

## Der Kaktus kann pieken.

*Der Kaktus kann pieken.*

*Der*

# G g

G

g

Geige Geige

gut gut

G G G G                                                                                     G

g g g g                                                                                     g

**der/die/das**

die Geige                    Geld                    Gans

## Gisa geht mit Daggi in den Garten.

Gisa geht mit Daggi in den Garten

Gisa

## Im Glas sind gelbe Gurken.

Im Glas sind gelbe Gurken.

Im

# Zz

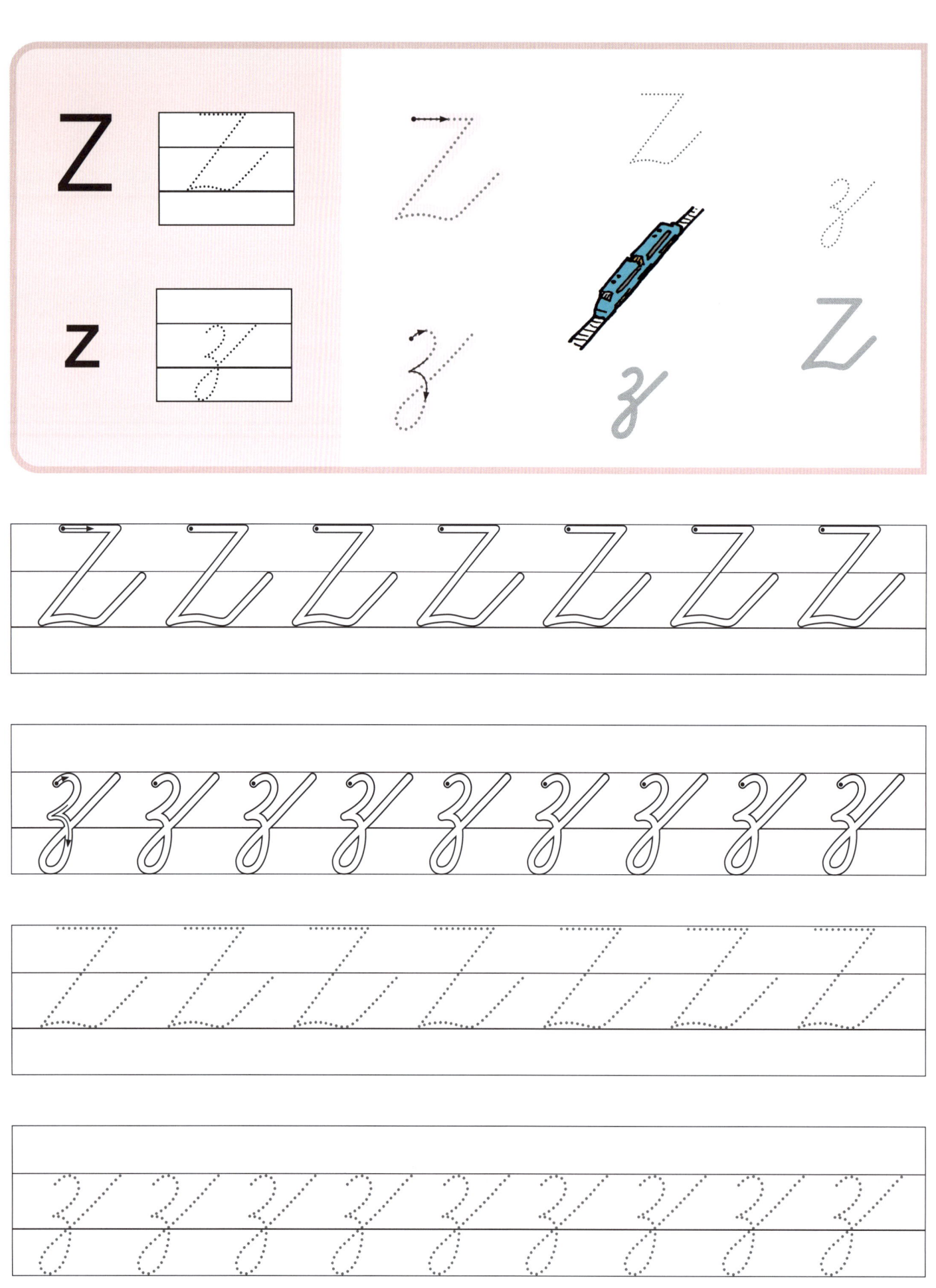

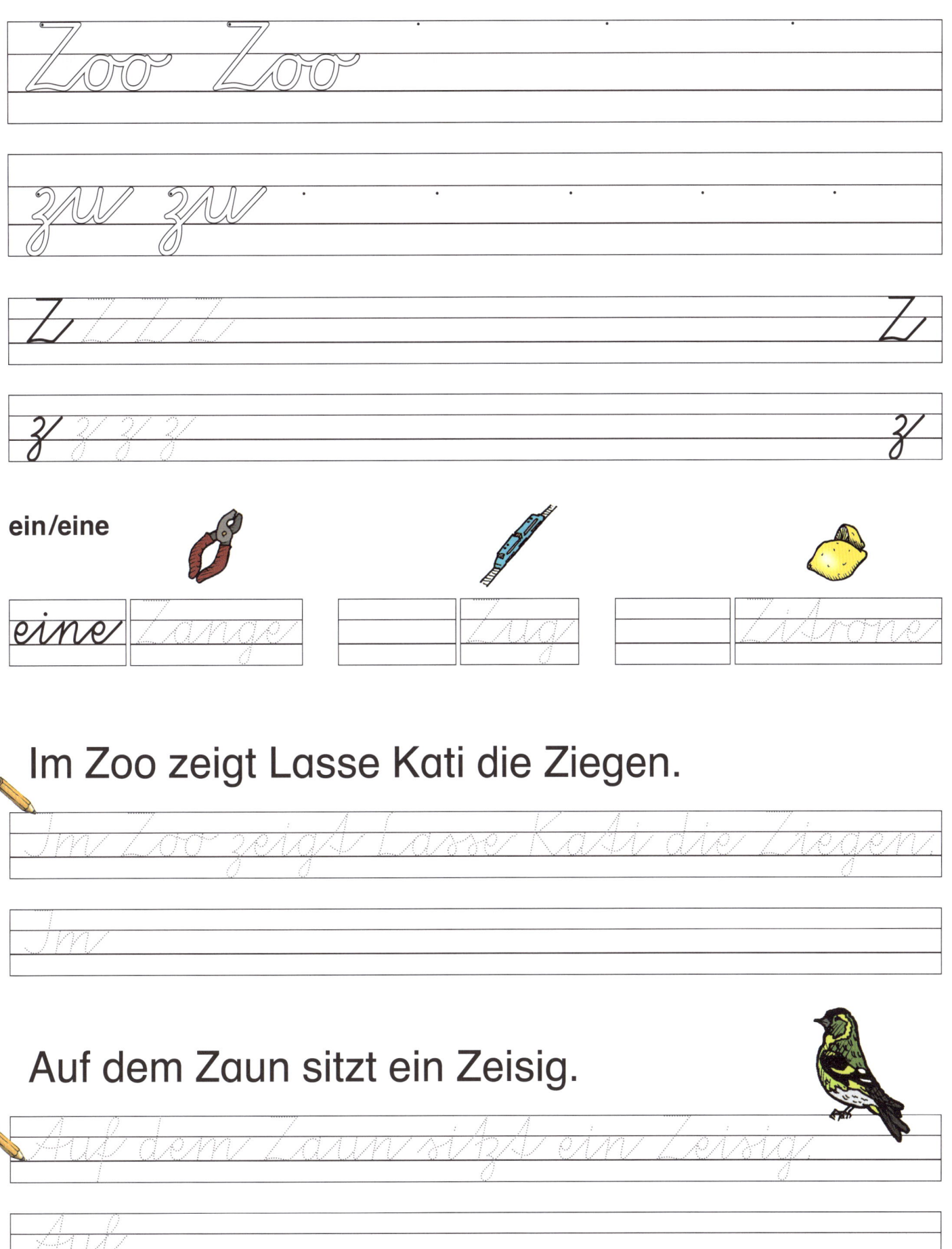

Zoo Zoo

zu zu

Z Z

z z

**ein/eine**

eine | Zange | | Zug | | Zitrone

## Im Zoo zeigt Lasse Kati die Ziegen.

Im Zoo zeigt Lasse Kati die Ziegen.

Im

## Auf dem Zaun sitzt ein Zeisig.

Auf dem Zaun sitzt ein Zeisig.

Auf

# Ich übe ✏️

| | Wort | Übung 1 | Übung 2 |
|---|---|---|---|
| 🖌️ | Pinsel | Pinsel | Pinsel |
| 🌰 | Nuss | Nuss | |
| 🔍 | Lupe | Lupe | |
| ▦ | Zaun | Zaun | |
| 🐄 | Kuh | Kuh | |
| 🕯️ | Kerze | Kerze | |
| ✂️ | Schere | Schere | |
| 🌼 | Blume | Blume | |
| 🪶 | Feder | Feder | |
| 🥒 | Gurke | Gurke | |
| ❤️ | Herz | Herz | |
| ☀️ | Sonne | Sonne | |

eine     Ziege

das     Schaf

ein     Schwein

die     Gans

eine     Kuh

das     Huhn

ein     Hahn

der     Hund

eine     Katze

der     Puter

eine     Ente

die     Maus

# Jj

J

j

# Jj

Jo-Jo

ja ja

J JJJ     J

j jjj     j

**der/die/das**

das | Jo-Jo | | Jacke | | Boje

## Im Juni gibt es Kirschen.

Im Juni gibt es Kirschen.

Im

## Der Januar ist ein Wintermonat.

Der Januar ist ein Wintermonat.

Der

# V v

vor  vor

Vase Vase

V

v

**ein/eine**

ein | Vogel

Vulkan

Vase

## Vater verliert vier Cent.

Vater verliert vier Cent.

Vater

## Ein Vogel sitzt auf einer Vase.

Ein Vogel sitzt auf einer Vase.

Ein

# Qu qu

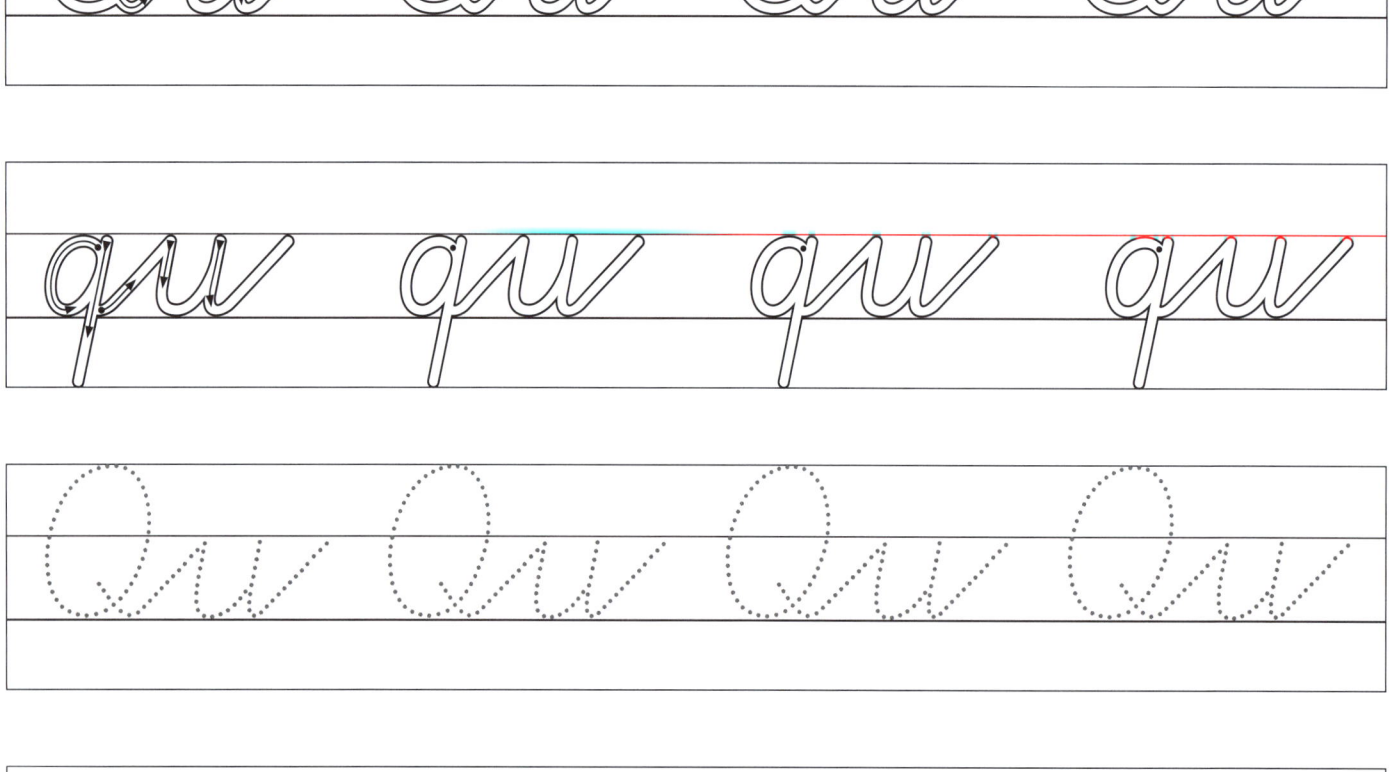

*Qu qu*

*Qu Qu*

*qu qu*

*Qu Qu Qu Qu*          *Qu*

*qu qu qu qu*          *qu*

**der/die/das**

*der*   *Quirl*       *Qualm*       *Qualle*

## Die Kaulquappe wird zum Frosch.

*Die Kaulquappe wird zum Frosch.*

*Die*

## Quallen sind kalt und glitschig.

*Quallen sind kalt und glitschig.*

*Quallen*

Hexe Hexe

Axt Axt

X X X X                                                                                                    X

x x x x                                                                                                    x

**ein/eine**

| eine | Hexe |

Axt

Taxi

## Die Hexe fliegt auf dem Hexenbesen.

Die Hexe fliegt auf dem Hexenbesen.

Die

## Boxer boxen mit Boxhandschuhen.

Boxer boxen mit Boxhandschuhen.

Boxer

# Y y

Y

y

© sternchenverlag GmbH

*Yak Yak*

*Pony Pony*

*Y Y Y Y*          *Y*

*y y y y*          *y*

**ein/eine**

*ein* | *Baby*          *Teddy*          *Yacht*

## Das Baby kuschelt mit dem Teddy.

*Das Baby kuschelt mit dem Teddy.*

*Das*

## Eine Yacht ist ein schnelles Boot.

*Eine Yacht ist ein schnelles Boot.*

*Eine*

 ß

β

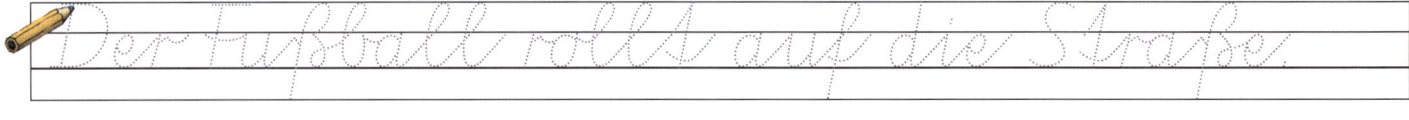

**ein/eine**

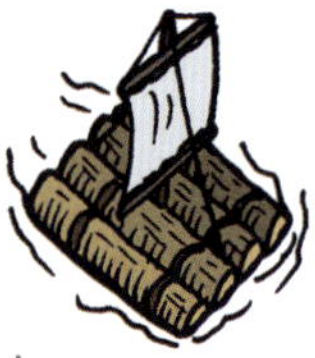

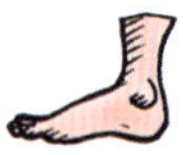

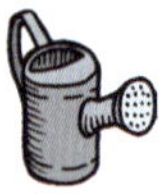

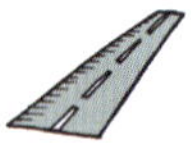

ein Fuß · Gießkanne · Straße

# Der Fußball rollt auf die Straße.

Der Fußball rollt auf die Straße.

 *Au au*  *St st*

| | |
|---|---|
| **Au** **au** | *Au au* |

| | |
|---|---|
| **St** **st** | *St st* |

ein    Auto
*ein    Auto*

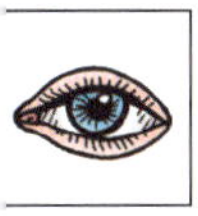

ein    Stern
*ein    Stern*

das    Auge
*das    Auge*

der    Stuhl
*der    Stuhl*

ein    Haus
*ein    Haus*

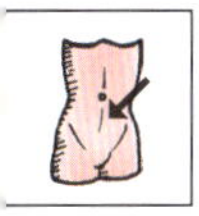

ein    Storch
*ein    Storch*

die    Maus
*die    Maus*

der    Strumpf
*der    Strumpf*

ein    Zaun
*ein    Zaun*

ein    Stamm
*ein    Stamm*

die    Raupe
*die    Raupe*

der    Stein
*der    Stein*

ein    Bauch
*ein    Bauch*

eine    Straße
*eine    Straße*

die    Laus
*die    Laus*

der    Stiefel
*der    Stiefel*

eine    Mauer
*eine    Mauer*

ein    Stift
*ein    Stift*

der    Pfau
*der    Pfau*

der    Strand
*der    Strand*

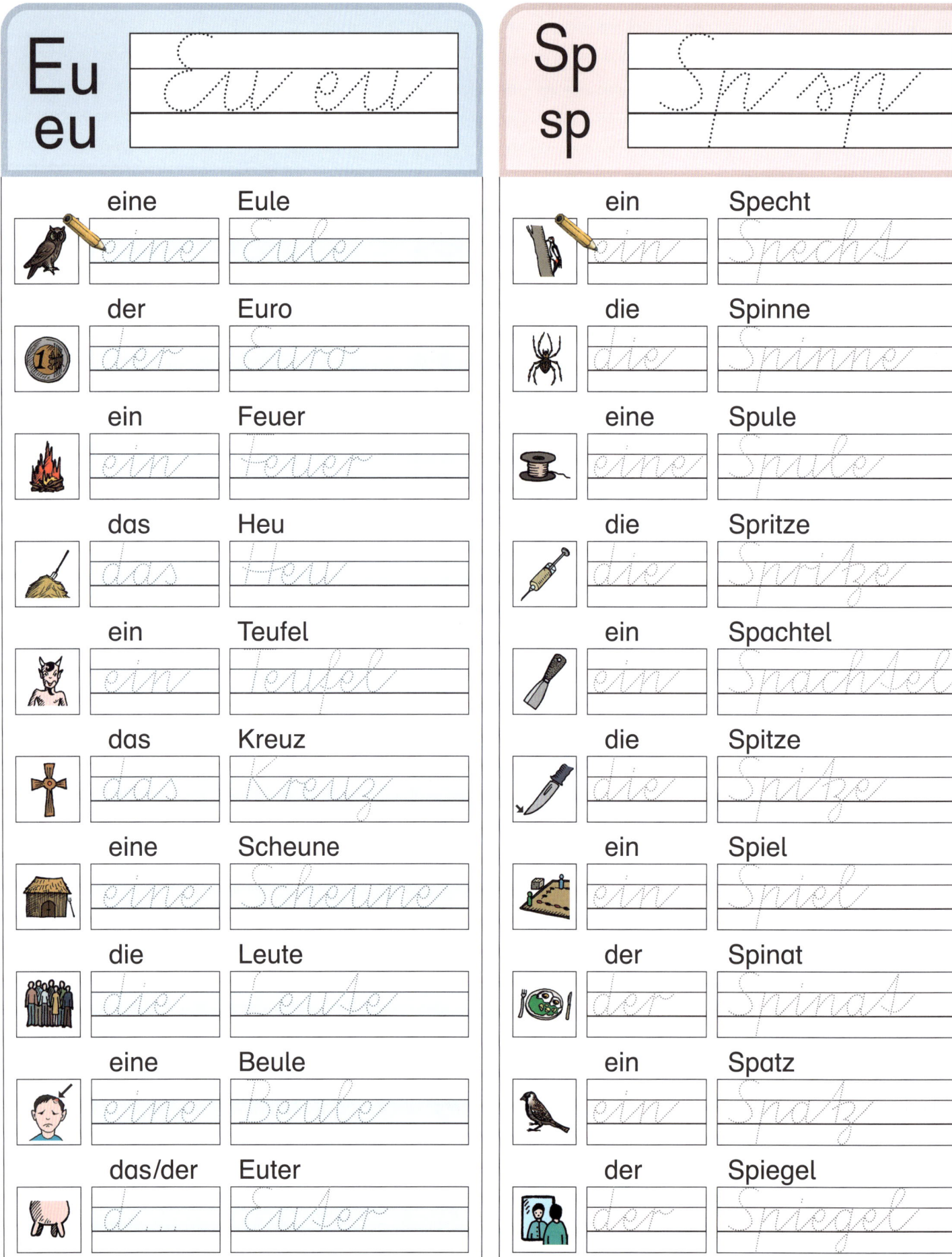

# Eu eu 🦉  Sp sp 🕷️

## Eu eu

| | | |
|---|---|---|
| | eine | Eule |
| | der | Euro |
| | ein | Feuer |
| | das | Heu |
| | ein | Teufel |
| | das | Kreuz |
| | eine | Scheune |
| | die | Leute |
| | eine | Beule |
| | das/der | Euter |

## Sp sp

| | | |
|---|---|---|
| | ein | Specht |
| | die | Spinne |
| | eine | Spule |
| | die | Spritze |
| | ein | Spachtel |
| | die | Spitze |
| | ein | Spiel |
| | der | Spinat |
| | ein | Spatz |
| | der | Spiegel |

# Pf pf

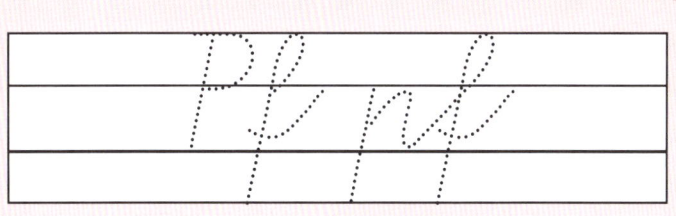

| | | | | |
|---|---|---|---|---|
| eine | Pfanne | | ein | Pflaster |
| der | Tropfen | | der | Kopf |
| ein | Pfau | | eine | Pfeife |
| der | Apfel | | die | Pfote |
| ein | Pfeil | | ein | Karpfen |
| der | Topf | | der | Pflug |
| ein | Pfirsich | | ein | Pferd |
| der | Dampf | | das | Pfund |
| ein | Pfad | | ein | Zopf |
| der | Pfarrer | | die | Pflanze |

# Ich übe 🖊

| | eine | Kiwi | | eine Kiwi |
|---|---|---|---|---|

| | die | Zitrone | | |
|---|---|---|---|---|

| | eine | Kirsche | | |
|---|---|---|---|---|

| | die | Ananas | | |
|---|---|---|---|---|

| | eine | Erdbeere | | |
|---|---|---|---|---|

| | die | Melone | | |
|---|---|---|---|---|

| | ein | Apfel | | |
|---|---|---|---|---|

| | die | Pflaume | | |
|---|---|---|---|---|

| | eine | Orange | | |
|---|---|---|---|---|

| | die | Birne | | |
|---|---|---|---|---|

| | eine | Himbeere | | |
|---|---|---|---|---|

| | die | Banane | | |
|---|---|---|---|---|

 *Ich übe*

eine Palme

*eine Palme* · *eine Palme*

der Farn

*der Farn*

eine Tulpe

*eine Tulpe*

die Eiche

*die Eiche*

eine Birke

*eine Birke*

die Tanne

*die Tanne*

eine Seerose

*eine Seerose*

der Mais

*der Mais*

ein Fliegenpilz

*ein Fliegenpilz*

der Kaktus

*der Kaktus*

eine Rose

*eine Rose*

das Gras

*das Gras*

# Ich übe ✏️

| 1 | *eins* | *eins* |
|---|---|---|
| 2 | *zwei* | |
| 3 | *drei* | |
| 4 | *vier* | |
| 5 | *fünf* | |

| 6 | *sechs* | *sechs* |
|---|---|---|
| 7 | *sieben* | |
| 8 | *acht* | |
| 9 | *neun* | |
| 10 | *zehn* | |

| **Montag** | *Montag* | *Montag* |
|---|---|---|
| **Dienstag** | *Dienstag* | |
| **Mittwoch** | *Mittwoch* | |
| **Donnerstag** | *Donnerstag* | |
| **Freitag** | *Freitag* | |
| **Samstag** | *Samstag* | |
| **Sonntag** | *Sonntag* | |

## Spure nach und schreibe passend in die Lücken!

Und so sehe ich aus.

Das bin ich

Mein Name ist

Ich bin _____ Jahre alt. Ich gehe in

die _____ Klasse. Der Name der Schule

ist

Die Straße, in der ich wohne, heißt

_____ in der Stadt

_____ Meine Mutter

heißt _____ und

mein Vater _____

Ich habe Geschwister: ja ◯ nein ◯

Meine Lieblingsfarbe ist _____

Wir haben ein Haustier: ja ◯ nein ◯

**Ich übe** ✏️

**Lies die kleine Geschichte durch und schreibe sie darunter in Schreibschrift ab!**

Heute ist Sinas erster Schultag. Sie hat eine schöne
Schultüte von ihren Eltern geschenkt bekommen.
Sie ist schon sehr aufgeregt.

Der Wellensittich Peppy schaut in den Spiegel.
Er denkt, dass er einen Freund sieht.
Dabei ist es nur sein Spiegelbild.

Ole spielt sehr gern Basketball.
Er kann schon hervorragend werfen und prellen.
Häufig trifft er auch schon in den Basketballkorb.

Heute regnet es schon den ganzen Tag.
Doch Sina hat einen Regenschirm dabei.
Sie spannt ihn auf und bleibt trocken.

Familie Worrmann fährt gleich in den Urlaub.
Kater Janosch bemerkt das und möchte mitkommen.
Er springt mit einem Satz auf das Autodach.
Doch leider muss er zu Hause bleiben.
Die Nachbarn füttern ihn und geben ihm Wasser.

Hast du die Punkte gesetzt?   ja ☐   nein ☐